희망을 쏘아 올린 거북선

※ 일러두기

1. 본 책의 거북선은 복원된 모형과 사료에 근거하여 그렸습니다. 7쪽과 47쪽의 것은 경상남도 통영시 강구안에 복원된 거북선 모형을 참고하였고, 그 외의 것은 《선조수정실록》과 《이충무공전서》를 참고하였습니다.
2. 명량 해전에서 이순신 장군이 이끈 배는 《징비록》과 《선조수정실록》에 12척, 《충민사기》와 《선조실록》에 13척으로 전합니다. 이 책은 전자의 사료들에 근거하여 12척으로 표기했습니다.

처음부터 제대로 배우는 한국사 그림책 10

희망을 쏘아 올린 거북선 _거북선이 들려주는 임진왜란 이야기

초판 1쇄 발행 2018년 1월 2일
초판 4쇄 발행 2023년 4월 7일

글 안미란
그림 정인성·천복주

펴낸곳 도서출판 개암나무(주)
펴낸이 김보경
경영지원 총괄 김수현　**경영지원** 배정은
편집 조원선 오누리 김소희　**디자인** 이은주　**마케팅** 김유정
출판등록 2006년 6월 16일　제22-2944호

주소 서울특별시 용산구 한남대로40길 19, 4층(한남동, JD빌딩) (우)04417
전화 (02)6254-0601, 6207-0603　**팩스** (02)6254-0602　**E-mail** gaeam@gaeamnamu.co.kr
개암나무 블로그 http://blog.naver.com/gaeamnamu　**개암나무 카페** http://cafe.naver.com/gaeam

ⓒ 안미란, 정인성·천복주, 2018
이 책의 저작권은 저자에게 있습니다. 저자와 출판사의 허락 없이 내용의 일부를 인용하거나 발췌하는 것을 금합니다.

ISBN 978-89-6830-443-9 74900
ISBN 978-89-6830-122-3 (세트)

이 도서의 국립중앙도서관 출판시도서목록(CIP)은 서지정보유통지원시스템 홈페이지(http://seoji.nl.go.kr)와
국가자료공동목록시스템(http://www.nl.go.kr/kolisnet)에서 이용하실 수 있습니다.
(CIP제어번호: CIP2017033955)

품명 아동 도서 | **제조년월** 2023년 4월 7일 | **사용연령** 8세 이상
제조자명 개암나무(주) | **제조국명** 대한민국 | **전화번호** 02-6254-0601
주소 서울특별시 용산구 한남대로40길 19, 4층(한남동, JD빌딩)

거북선이 들려주는
임진왜란 이야기

희망을 쏘아 올린 거북선

안미란 글
정인성·천복주 그림

개암나무

조선 후기 삼도 수군의 합동 훈련을 그린 〈해진도〉.

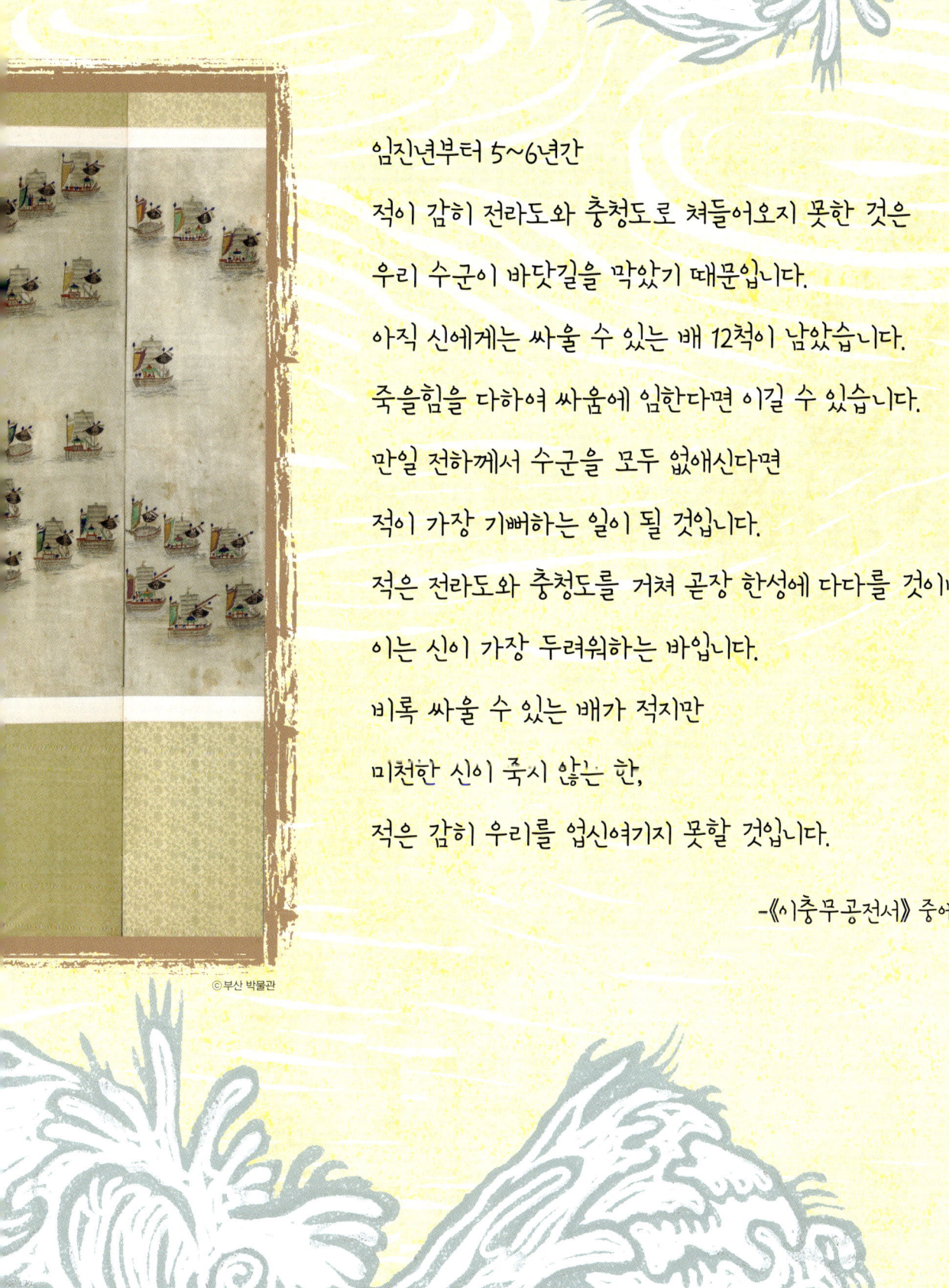

임진년부터 5~6년간

적이 감히 전라도와 충청도로 쳐들어오지 못한 것은

우리 수군이 바닷길을 막았기 때문입니다.

아직 신에게는 싸울 수 있는 배 12척이 남았습니다.

죽을힘을 다하여 싸움에 임한다면 이길 수 있습니다.

만일 전하께서 수군을 모두 없애신다면

적이 가장 기뻐하는 일이 될 것입니다.

적은 전라도와 충청도를 거쳐 곧장 한성에 다다를 것이며

이는 신이 가장 두려워하는 바입니다.

비록 싸울 수 있는 배가 적지만

미천한 신이 죽지 않는 한,

적은 감히 우리를 업신여기지 못할 것입니다.

-《이충무공전서》중에서

남쪽 바다 통영에는 봄이 일찍 찾아와.
사람들이 붉은 동백꽃을 보러 모여들지.
그러나 바닷바람은 여전히 차가워.
갑자기 파도가 출렁이며 내 몸을 가볍게 흔들었어.
"우아, 거북선이다!"
아이들이 우르르 내 쪽으로 뛰어왔어.
"철갑선이라더니 왜 나무로 되어 있지?"
"대포는 어디로 쏘았을까?"
나는 대답 대신 아주 오랜만에 노를 움찔했어.
그리고 아이들에게 말했지.
"얘들아, 타렴. 우리나라를 지킨 분들을 만나러 가자!"

1592년 봄.

이순신 장군이 전라좌도 수군절도사*로 부임한 지 1년이야.

새로 만들고 있는 배가 바로 나, 거북선이란다.

일꾼들이 묵직한 소나무를 옮기며 말했어.

"장군님은 정말 깐깐하셔. 나대용 군관님의

보고를 받고도 직접 나와서 지휘하시니 말이야."

그때 이순신 장군이 명령을 내렸어.

"거북선 돛을 만들 천이 도착했다.

마음을 다해 배를 완성하라."

수군절도사 조선 시대에 각 도의 수군을 통솔하는 일을 맡아보던 무관 벼슬.

그런데 사람들은 나를 보며 수군거렸어.

"판옥선*을 두고 저런 괴상한 배는 왜 만든담?"

"배에 덮개를 씌우고 대체 어떻게 적과 싸운다는 말이지?"

"불이라도 나면 연기에 질식해서 다 죽고 말걸!"

사람들은 전쟁에 대비하는 이순신 장군에게 불만이 많았어.

판옥선 조선 시대 명종 때 개발한 전투용 배.

조선은 200년 동안 아주 평화로웠거든.
때때로 남해안 마을에 왜구*들이 나타나
노략질했지만 다들 크게 신경 쓰지 않았어.

왜구 일본 해적.

한 관리가 이순신 장군에게 말했어.
"지금은 백성들이 농사일로 한창 바쁠 때입니다.
군사 훈련과 배 만드는 일을 좀 줄여야 합니다."

그러나 장군의 생각은 달랐어.
"나라를 지키는 일과 식량을 장만하는 일은
따로 생각할 수 없다.
병사들은 훈련을 게을리하지 말고,
농사일과 소금밭 일도 틈틈이 하여라."
이순신 장군은 처음 이곳에 와서
조선 수군의 태만한 모습에 크게 실망했어.
병사들은 명령을 잘 따르지 않았고,
제대로 훈련받은 적도 없었지.
칼이며 창은 녹슬었고, 배에는 물이 샜어.
더욱 큰일은 병사들을 먹일 식량이 부족하다는 거였어.

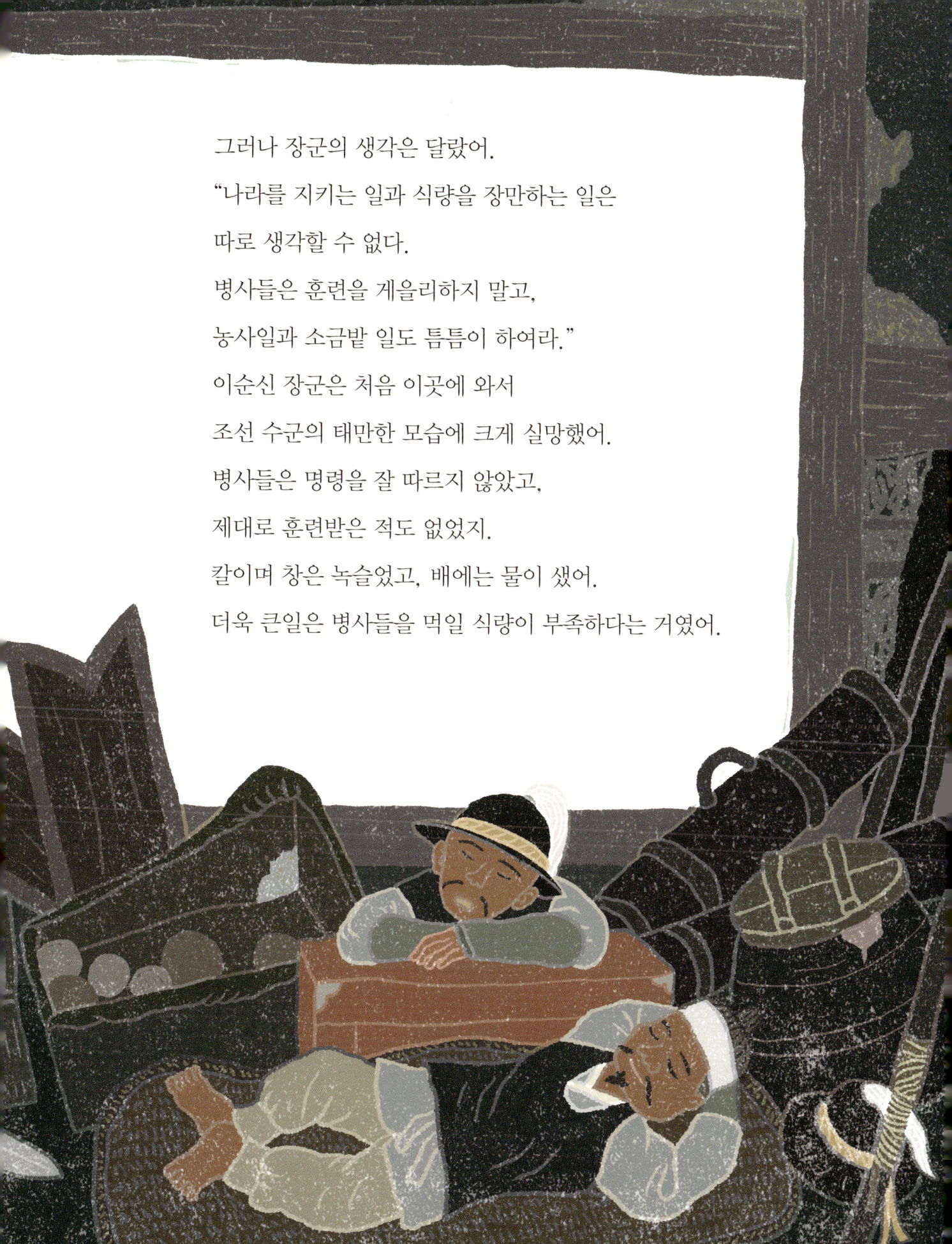

이순신 장군은 군대의 질서부터 바로잡았어.
명령을 어기고 제멋대로 도망가거나
백성들을 괴롭힌 병사를 엄하게 벌했지.
동시에 재정*을 튼튼히 했어.
무기를 고치거나 성벽을 정비하는 일처럼
꼭 필요한 곳에 세금을 사용하고
농사를 장려해 식량을 마련했지.

재정 국가 또는 지방의 자치 단체가 여러 일을 하기 위해 자금을 만들어 관리하고 이용하는 경제 활동.

이순신 장군은 생각했어.
'태종 임금께서 귀선과 왜선*으로 꾸민 배로
모의* 전투하는 것을 구경하셨다는 기록이 있다.
그 귀선을 완성하자.'
귀선이 바로 나야.
'귀(龜)'는 거북이를 뜻하거든.

왜선 일본의 배.
모의 실제의 것을 흉내 내어 그대로 해 봄.

이순신 장군이 나를 만들기 위해 애쓰는 동안,
일본의 상황을 알아보러 간 사신들은
도요토미 히데요시를 만나고 돌아왔어.
도요토미 히데요시는 일본을 통일하고 새로 권력을 잡은 사람이야.
그런데 두 사신의 말이 달라도 너무 달랐어. 한 사람은
"그는 보잘것없는 자로, 전쟁을 일으킬 만한 인물이 못 됩니다."
라고 말했고, 다른 한 사람은
"일본은 반드시 조선으로 쳐들어올 것입니다.
전쟁에 대비하여야 합니다."
라고 정반대로 주장했어.
벼슬아치들은 세력 다툼에 눈이 멀어
나라 밖 상황을 제대로 살피지 못했어.
사실 도요토미 히데요시는 무서운 야망을 품고 있었지.
'중국 대륙을 정복하면 백성들이 나를 우러러볼 것이다.
조선과 명나라를 쳐서 나에게 불만을 가진 사람들의
관심을 돌리고 위세를 떨치자.'

1592년 4월 13일, 일본이 기어이 조선에 쳐들어왔어.
일본군의 배가 부산 앞바다를 까맣게 뒤덮었지.
"싸우지 못하겠으면 길을 비켜라!"
일본군은 조총*으로 무장하고 조선을 위협했어.
하지만 동래 부사 송상현은
"죽기는 쉬우나 길을 비키기는 어렵다."라며
일본군에 맞서 싸우다 장렬히* 전사했지.
전쟁은 몹시도 처참하고 끔찍했어.
어린아이나 노인 할 것 없이 수많은 사람들이
일본군의 서슬 퍼런 총칼에 목숨을 잃었어.

조총 화약에 불을 붙여 쏘는 총.
장렬하다 의기가 씩씩하고 열렬하다.

일본군은 무서운 기세로 조령*과 죽령*을 넘어 충주까지 쳐들어왔어.
도읍인 한성까지 오는 데 겨우 스무날밖에 걸리지 않았지.
선조 임금은 도읍을 버리고 개성으로, 평양으로, 의주로 피난을 갔어.
평양까지 점령한 일본군 장수가 선조 임금에게 편지를 보냈어.
"우리 수군 10만 명이 서해로 오는데,
조선 임금은 이제 어디로 피할 것인가?"
무서운 경고였어.

조령 경상북도 문경시와 충청북도 괴산군 사이에 있는 고개.
죽령 경상북도 영주시와 충청북도 단양군 사이에 있는 고개.

하지만 일본군이 서해까지 범하지는 못했어.
왜냐고? 이순신 장군이 서해로 가는 길목인
남해를 철통같이 지켰기 때문이야.
이순신 장군은 옥포˚ 해전에서 첫 승리를 거두었어.
절망에 빠진 조선에 한 줄기 빛이 비치는 순간이었지.

옥포 경상남도 거제시에 있는 포구.

나, 거북선도 옥포 해전에서 활약했냐고?
그렇지는 않아. 나는 임진왜란이 일어나기 딱 하루 전에 완성됐거든.
옆구리에 난 구멍으로 대포를 쏘아 보고, 여러 차례 훈련도 했지만
실전 경험이 없어서 곧장 싸우러 나가지는 못했어.
사실 전쟁에서 공을 가장 많이 세운 배는 판옥선이야.
나도 판옥선을 바탕으로 만들어졌지.

조선 수군은 판옥선을 주로 사용하여 전투를 치렀어.
판옥선의 몸체는 소나무로 만들어 아주 튼튼하고
바닥이 평평해서 암초에 잘 걸리지 않았어.
또 방향을 재빨리 바꿀 수 있었지.
판옥선은 암초가 많고 밀물과 썰물의 차가 큰
우리 바다에 알맞은 배였단다.

그러나 일본군의 배는 달랐어.
삼나무로 만들어 가볍고, 바닥이 뾰족해서
빠르게 물살을 가르며 나아갔지.
그렇지만 충격에 약하고 방향을 바꾸기 어려웠어.
일본군은 상대편 배에 갈고리를 걸고 넘어와
바짝 붙어서 칼과 조총으로 공격했어.
이순신 장군은 적의 전술을 철저히 연구했어.
'일본군이 우리 배에 올라타지 못하도록 해야 한다.
조선의 화포˚는 멀리까지 날아가니 충분히 이길 수 있다.'

화포 대포처럼 화약의 힘으로 탄환을 내쏘는 대형 무기.

1592년 5월 말, 일본군의 배가 사천 포구에 있다는 소식이 들렸어.
이순신 장군은 곧장 출동하여 병사들을 독려하고
어부와 농민들에게도 중요한 역할을 맡겼어.
적의 움직임을 살펴서 장군에게 보고하는 일이었지.
군사가 많고 좋은 무기를 가졌다고 전쟁에서 이기는 건 아니야.
정보를 모으고 활용하는 지혜가 필요하지.
이순신 장군이 배 안에 회의실을 만든 것도 그 때문이란다.
작전을 잘 짜면 불리한 전쟁도 승리로 이끌 수 있거든.

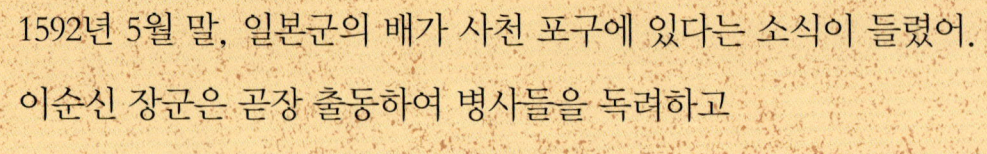

장군이 말했어.

"적군이 사천을 점령하면 무기와 식량을 육지로 나르기가 더욱 쉬울 것이오. 그러니 절대 사천을 뺏기면 안 되오."

경상도는 이미 거의 다 일본군에게 넘어간 상황이었어. 이들에게 더 많은 무기와 식량이 전해진다면 조선의 운명이 어찌 될지는 불 보듯 뻔했지. 그런데 사천은 포구가 좁은 데다, 썰물에 바닷물이 빠져서 판옥선이 접근하기 어려운 상황이었어. 게다가 해안가 절벽에 진을 친 일본군이 절벽 아래로 조총을 쏘아 댄다면 더욱 힘겨운 싸움이 될 거야.

이순신 장군은 작전을 짜서
일본군이 진을 친 곳으로 다가갔어.
장군의 예상대로 적들이 맹렬하게 달려들었어.
조선 수군은 뱃머리를 돌려 달아나는 시늉을 했지.

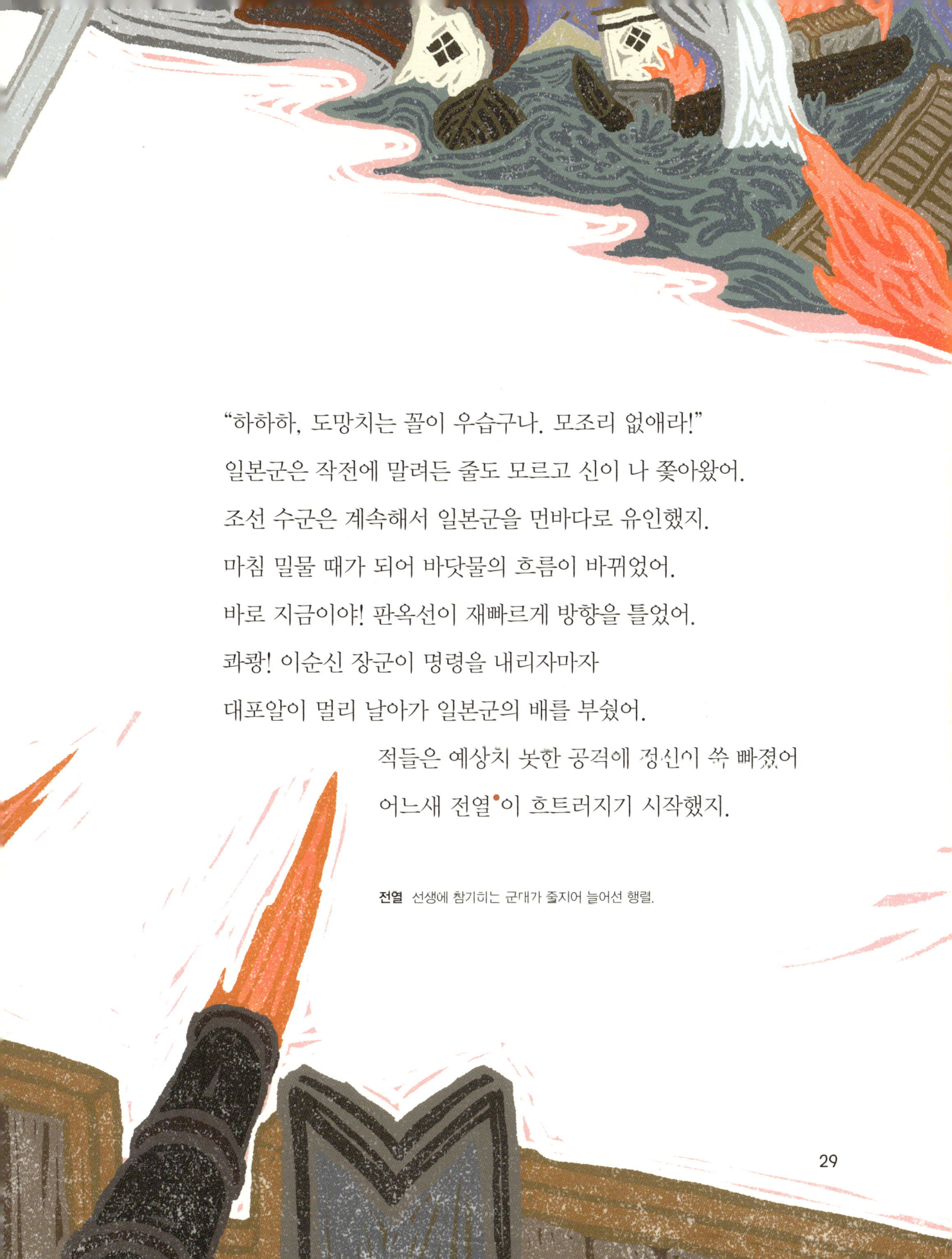

"하하하, 도망치는 꼴이 우습구나. 모조리 없애라!"

일본군은 작전에 말려든 줄도 모르고 신이 나 쫓아왔어.

조선 수군은 계속해서 일본군을 먼바다로 유인했지.

마침 밀물 때가 되어 바닷물의 흐름이 바뀌었어.

바로 지금이야! 판옥선이 재빠르게 방향을 틀었어.

콰쾅! 이순신 장군이 명령을 내리자마자

대포알이 멀리 날아가 일본군의 배를 부쉈어.

적들은 예상치 못한 공격에 정신이 쏙 빠졌어

어느새 전열*이 흐트러지기 시작했지.

전열 전쟁에 참가하는 군대가 줄지어 늘어선 행렬.

"지금이다, 거북선은 돌격하라!"

병사들이 힘차게 노를 저었어.

노 젓는 병사들은 몸집은 작아도 힘이 센 사람들이야.

게다가 특수 훈련까지 받았지.

나는 온몸을 던지듯 적진으로 달려들었어.

내가 쿵 하고 들이받자

연달아 빠지직하고 나무 판 쪼개지는 소리가 났어.

용머리와 옆구리로 대포도 마구 쏘았지.

이 충격에 일본군의 배들은 부서져 나가고

중심을 잡지 못해 서로 부딪혔어.

배에 물이 차오르자, 적들이 내 등으로 사다리와

갈고리를 걸쳐 타고 오르며 외쳤어.

"배 안으로 들어가 다 베어 버리자!"

하지만 말을 마치기도 전에 비명이 터져 나왔어.

내 등에는 무시무시한 쇠 송곳이 박혀 있거든.

그때, 하늘에서 불화살이 비 오듯 쏟아졌어.
판옥선에 탄 궁수들이 쏜 화살이었지.
화살은 일본군의 조총보다 더 멀리, 더 정확하게 날아갔어.
이날 나는 처음으로 전쟁터에 나가 값진 승리를 얻었단다.

조선 수군은 당포˚와 당항포˚에서도 잇달아 승리했어.
"장군님 만세! 거북선 만세! 조선 만세!"
백성들이 기뻐했어.
반면 일본군은 사정이 나빠졌어.
바닷길이 끊겨 무기와 식량을 날라 올 수 없었거든.
도요토미 히데요시가 육군에게 명령했어.
"바다로 가서 수군과 합세해 이순신을 없애라!"

당포 경상남도 통영시에 있는 포구.
당항포 경상남도 고성군에 있는 포구.

와키사카라는 일본군 장수가 먼저 견내량*에 도착했어.
그는 경기도 용인에서 조선군을 크게 이긴 터라
자만심이 하늘을 찔렀어. 이번에도 승리를 확신했지.
와키사카는 견내량이 암초가 많아 방어하기 좋고
여차하면 주변 육지로 이동해 전투를 치를 수 있어
일본군에 유리하다고 판단했어.

견내량 경상남도 거제시와 통영시 사이에 끼어 있는 좁고 긴 바다(해협).

나는 당장 견내량으로 가서 적들을 쳐부수고 싶었는데
이순신 장군은 견내량과 떨어진 한산도 앞바다에 진을 쳤어.
유황불을 화르르 피우고 대포를 쏘고 싶었지만 참았지.
장군을 믿고 명령에 따르는 게 나의 임무니까.
경상우수사* 원균과 전라우수사 이억기가 이날 작전에 함께했어.
적을 한산도 앞바다로 유인하여 공격을 퍼붓기로 뜻을 모았지.
이순신 장군은 먼저 판옥선 몇 척을 견내량으로 보냈어.
아니나 다를까 일본군은 판옥선을 뒤쫓아 오며 공격했어.
조선 수군은 학의 날개 모양으로 전투 대형을 짜고
적을 기다렸지.
나는 가슴이 마구 두근거렸어.
하지만 숨을 고르고 조금 더 기다렸어.
일본군이 한산도 앞바다에 모습을 드러내자,
진격 명령을 알리는 깃발이 올라가고 북소리가 울렸어.
드디어 때가 온 거야!

우수사 우수영의 으뜸 벼슬.

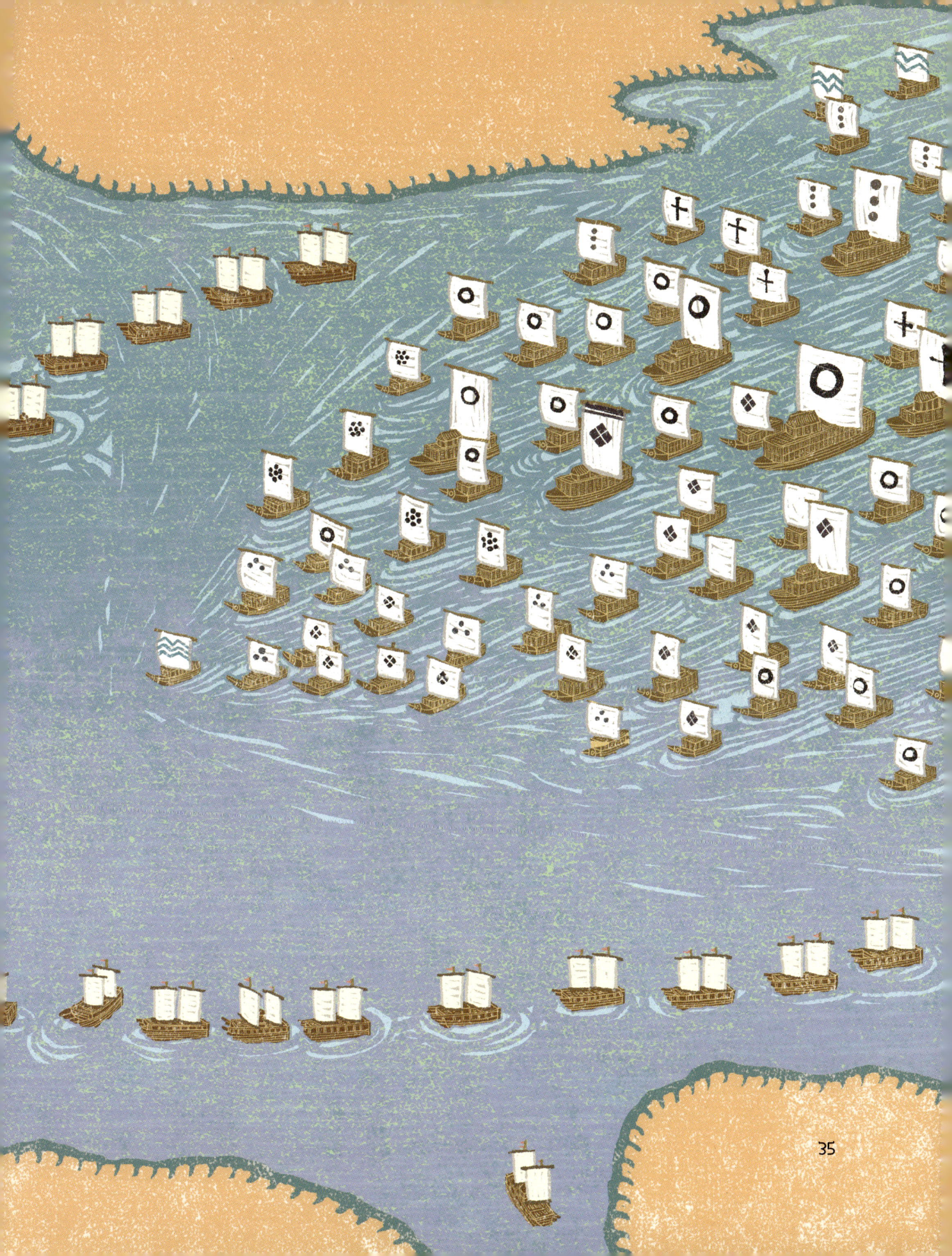

가장 먼저 내가 적군을 향해 전속력으로 돌진했어.

나는 조선 수군의 돌격선, 거북선이니까.

용머리와 옆구리로 대포를 쏘고

몸통을 휙휙 돌리며 적군의 배를 들이받았어.

내가 길을 트면 판옥선이 따라와 매섭게 공격했어.

일본군의 배 70여 척이 부서지고 불길에 휩싸였어.

간신히 살아남은 적들은 한산도로 도망쳤어.

하지만 물과 식량이 바닥나 더 이상 싸울 수 없었지.

이순신 장군은 이 상황까지 예측하여 작전에 넣었던 거야.

한산도에서 크게 이겼다 하여

이 전투를 '한산도 대첩'이라고 부른단다.

육지에서는 나라를 구하기 위해
선비와 농민, 심지어 스님과 부녀자들까지 떨쳐 일어났어.

1592년 10월 진주성과, 다음 해 2월 행주산성에서
조선군과 백성들이 죽기를 각오하고 싸워 큰 승리를 얻었어.
불리해진 일본은 명나라에게 전쟁을 멈추자고 제안했어.
명나라는 조선을 돕는다는 명분으로 군사를 보냈는데,
사실은 일본이 명나라까지 쳐들어오는 걸 막기 위해서였지.
그런데 명나라와 일본은 조선을 쏙 빼고 협상을 했어.
게다가 명나라군은 조선 백성들을 괴롭히고
재물을 함부로 빼앗았지.
   백성들 사이에 "일본군은 얼레빗*, 명나라군은 참빗*"
    이라는 말이 나돌 지경이었단다.

얼레빗 빗살이 굵고 성긴 큰 빗.
참빗 빗살이 아주 가늘고 촘촘한 빗.

하지만 명나라와 일본의 협상은 결렬*되었고,
1597년 정유년에 일본이 다시 쳐들어왔어.
지난번에는 경상도를 거쳐 곧장 한성으로 갔지만
이번에는 계획을 바꿨어.
군사들이 먹을 식량을 확보하기 위해
쌀이 많이 나는 전라도를 먼저 공격하려고 했지.
그러나 전라도 앞바다는 조선 수군이 단단히 지키고 있었어.
일본은 조선 수군의 대장인 이순신 장군을 없애기 위해
거짓 정보를 흘렸어.
"내가 가토 장군의 경쟁자라서 조선에 정보를 주는 것이오.
가토가 가덕도로 배를 끌고 올 것이니 수군을 풀어 사로잡으시오."

결렬 회의 등에서 의견이 합쳐지지 않아 각각 갈라서게 됨.

그 말에 임금은 이순신 장군에게 당장 가덕도로 가서
일본군을 공격하라고 명령했어.
평소 정탐꾼을 통해 정보를 모아 온 장군은
이것이 거짓 정보라는 것을 알았기 때문에
곧장 공격에 나서지 않고 때를 기다렸어.
그러나 몇몇 사람이 이 일을 빌미로 이순신 장군을 모함했어.
이순신 장군은 임금의 명령을 어겼다는 죄로
감옥에 갇히고 백의종군 해야 했지.

백의종군 벼슬 없이 군대를 따라 싸움터로 감.

이순신 장군을 대신해 원균이 조선 수군을 지휘했어.
원균은 명령에 따라 모든 배를 이끌고 부산 앞바다로 나갔어.
물론 나도 출전했지.
안타깝게도 이것이 나의 마지막 전투였단다.
원균은 일본군의 작전에 보기 좋게 걸려들었어.
일본군은 밤까지 요새에 숨어 있다가 어둠을 틈타
칠천량˚에서 쉬고 있던 조선 수군을 기습˚했어.

칠천량 지금의 거제시 하청면.
기습 적이 생각지 않았던 때에 갑자기 들이쳐 공격함.

원균을 비롯한 수많은 군사들이 목숨을 잃고
160여 척에 달하던 배는 겨우 12척만 남았어.
나도 이때 불타서 사라졌지.
통영 앞바다에 있는 나는 모형이야.
서울의 전쟁 기념관, 진해의 해군 사관 학교 등
여러 곳에 모형이 있지만, 어느 것이 진짜 내 모습인지는 몰라.
나에 대해 더 많은 연구가 필요하단다.

임진왜란 동안 내가 활약한 전투는 그리 많지 않아.
이순신 장군의 일기에서 거북선을 3척 만들었다고 하니,
그 수가 많지도 않았지.
하지만 나는 내리 이어 온 조상들의 슬기로 탄생했어.
배 만드는 솜씨가 뛰어나지 않았다면,
화포를 만드는 과학 기술이 발달하지 않았다면,
자신의 목숨을 걸고 싸운 백성들이 없었다면,
나는 잊히고 말았을 거야.
가장 끔찍하고 처절했던 전쟁,
그러나 가장 위대한 승리의 역사에
내가 활약했다는 것이 자랑스러워.

아이들의 웃음소리가 들려.

동백꽃처럼 환하게 웃는구나.

바다를 지켜야 나라를 구할 수 있다던 이순신 장군의 뜻과,

힘과 지혜를 모아 나라의 큰 어려움을 이겨 낸 조상들의 의지는

바다처럼 변함없이 우리 곁에 있을 거야.

거북선이 들려주는 임진왜란 이야기

조선 시대에 일본은 우리나라를 자주 침략했어요. 급기야 1592년(선조 25년)에는 16만여 명의 대군을 이끌고 쳐들어왔지요. 임진년에 일본이 일으킨 전쟁이라고 하여 '임진왜란'이라고 불러요. 처참했던 전쟁의 역사를 되짚어 보고, 목숨을 바쳐 나라를 지킨 이순신 장군과 백성들의 활약상을 살펴봐요.

임진왜란은 왜 일어났을까요?

당시 남해안 일대는 왜구의 노략질이 끊이지 않았어요. 배를 공격해 식량을 빼앗고 백성들을 인질로 잡아가는 등 큰 피해를 입혔지요. 그러나 조선 왕실과 벼슬아치들은 이들을 한갓 골칫거리 정도로만 여기고 적극적으로 대처하지 않았어요. 율곡 이이가 국방을 튼튼히 하기 위해 10만 명의 병사를 기르자고 주장했지만 이 또한 귀담아듣지 않았지요.

같은 때에 일본은 큰 변화를 겪고 있었어요. 도요토미 히데요시라는 무사가 일본을 통일하면서 혼란스러웠던 전국 시대˚가 막을 내렸어요. 도요토미 히데요시는 무사들이 자신에게 더욱 충성하도록 만들기 위해 전쟁을 계획했어요. 다른 나라와 전쟁을 치르면 일단 자기편끼리는 단합하기 마련이니까요.

게다가 일본은 포르투갈과 교역하면서 서양에 대해 알게 되었어요. 그동안 중국이 세계의 중심이라고 생각해 왔는데, 새로운 세상이 눈에 들어온 거예요. 도요토미 히데요시는 더 큰 야망을 품고, 조선에 동맹을 맺어 명나라를 치자고 제안했어요. 조선이 단호히 거절하자, 일본은 이를 트집 잡아 임진왜란을 일으켰어요.

전국 시대 일본의 역사에서, 1467년~1573년에 무사들이 서로 권력을 차지하기 위해 싸움을 벌이던 시기.

임진왜란은 어떻게 전개되었나요?

1592년 4월, 부산 앞바다가 일본군의 배로 새까맣게 뒤덮였어요. 경상도 우수영의 대장 원균이 이끄는 함대는 거의 전멸했고, 좌수영의 대장 박홍은 싸워 보지도 않고 도망쳐 버렸어요. 일본은 거침없이 치고 올라왔어요. 조선 왕실은 신립 장군에게 기대를 걸었지만, 조총을 든 일본군에 패하고 말았지요. 이 소식을 들은 선조 임금은 도읍지인 한성을 버리고 부랴부랴 피난을 떠났어요.

1592년 4월 13일~14일 이틀 동안 부산에서 벌어진 전투를 그린 〈부산진 순절도〉.

5월에 이순신 장군이 이끄는 조선 수군이 옥포와 사천에서 승리를 거뒀어요. 하지만 조선의 육군은 일본군에게 계속 패했지요. 그러던 중, 신각 장군이 이끄는 군대가 경기도 양주의 해유령이란 고개에서 처음으로 일본군을 이겼어요. 이를 계기로 조선군이 사기를 회복하기 시작했지요.

6월에 접어들자 일본군은 무서운 기세로 평양까지 침범해 왔어요. 불과

두 달 만이었지요. 그러나 전국 곳곳에서 조선군과 의병들이 목숨을 걸고 일본에 맞서 싸웠어요. 이순신 장군은 당포, 율포 등 바다에서 승리를 이어 갔고, 7월에는 한산도 앞바다에서 일본군을 크게 이겼어요. 10월 진주에서는 김시민 장군의 군대와 의병들이 2만 명의 일본군을 무찔렀지요.

그사이 조선은 명나라에 도움을 요청했어요. 처음에 명나라는 군사를 적게 보내 일본군에 크게 졌어요. 그 뒤 12월에 4만 명이 넘는 군사를 이끌고 와 조선군과 함께 싸웠어요. 1593년 1월, 마침내 일본을 물리치고 평양성을 되찾으면서 전세가 역전됐어요.

2월에는 권율 장군이 백성들과 함께 행주산성에서 일본군을 크게 무찔

의병 외적의 침입을 물리치기 위하여 백성들이 자발적으로 조직한 군대. 또는 그 군대의 병사.

경기도 고양시 덕양산에 세운 행주 대첩비.

렸어요(행주 대첩). 이순신 장군의 한산도 대첩, 김시민 장군의 진주 대첩과 함께 임진왜란의 3대 대첩으로 꼽을 만큼 큰 승리였지요.

10월에는 드디어 한성을 되찾았고, 일본군은 남해안으로 후퇴했어요. 입장이 불리해진 일본은 명나라와 휴전을 의논했어요. 하지만 3년 넘게 성과가 없자, 1597년에 다시 조선을 침략했어요. 이를 정유년에 일어난 전쟁이라 하여 '정유재란'이라고 불러요.

6월에 일본군의 배 600여 척이 부산으로 들이닥쳤어요. 이때 이순신 장군은 모함을 받아 감옥에 갇혀 있어서 원균이 조선 수군을 지휘하여 일본군과 싸웠어요. 하지만 7월, 원균은 칠천량 전투에서 크게 패하고 말았지요. 이순신 장군은 감옥에서 풀려나 다시 삼도수군통제사*를 맡았어요. 그리고 명량 해전에서 12척의 배로 133척에 달하는 일본군의 배와 맞서 싸워 기적적인 승리를 거뒀어요.

1598년 8월, 도요토미 히데요시가 죽음을 앞두고 조선에서 군대를 철수하라는 유언을 남겼어요. 일본군은 노량지기로 작성하고, 명나라 상군 진린에게 뇌물을 주며 적당히 쫓는 시늉만 해 달라고 부탁했어요. 그러나 이순신 장군은 바닷길을 막아 적들과 끝까지 싸웠고, 결국 노량 앞바다에서 전사했어요. 노량 해전에 진 일본군은 우리나라에서 완전히 물러났어요. 길고도 처절했던 전쟁이 마침내 막을 내렸지요.

삼도수군통제사 임진왜란 때에 경상, 전라, 충청 3개 도의 수군을 통솔하는 일을 맡아보던 무관 벼슬.

의병은 어떤 사람들인가요?

당시 벼슬아치들은 서로 헐뜯으며 권력 다툼을 하느라 나랏일에 소홀했어요. 일본이 쳐들어왔는데도 우왕좌왕하며 제 역할을 못했지요. 불과 20여 일 만에 도읍지인 한성을 빼앗기고 임금마저 피난을 가 백성들의 분노와 실망은 이만저만이 아니었어요.

무능한 왕실과 관리들이 일본군을 막아 내지 못하자, 백성들이 떨쳐 일어나 군대를 조직했어요. 고향과 이웃이 짓밟히는 것을 더는 두고 볼 수 없었지요. 이렇게 의로운 마음으로 스스로 싸움에 나선 백성들을 '의병'이라고 해요. 의병들은 나라에서 돈이나 관직을 받지 않고도 목숨을 걸고 싸웠어요.

경상도 의령에서 선비 곽재우가 자신의 전 재산을 털어 처음으로 의병을 일으켰어요. 곽재우는 의령을 지나는 일본군을 공격했지요. 의령은 일본군이 쌀이나 화약 같은 군수 물자를 옮기는 중요한 통로였어요. 이곳 지리에 밝은 의병들은 적절한 곳에 숨어 있다가 기습하여 큰 승리를 거뒀어요.

이 밖에 고경명, 김천일 등이 전라도에서 의병을 이끌었고, 충청도에서는 조헌이 의병을 일으켰어요. 스님들도 나라를 지키는 데 동참했어요. 평안도에서 서산 대사 휴정과 사명 대사 유정이 승려와 의병을 모아 일본군과 싸웠어요.

바다에서 조선 수군이 활약하는 동안 육지에서는 의병들이 나라를 지켰어요. 의병의 활약으로 일본군은 무기와 식량을 제대로 확보하지 못해 애를 먹었어요. 계속 패하기만 하던 조선 육군도 여기저기서 들려오는 의병들의 승리 소식에 용기를 얻어 일본군에 대항했지요.

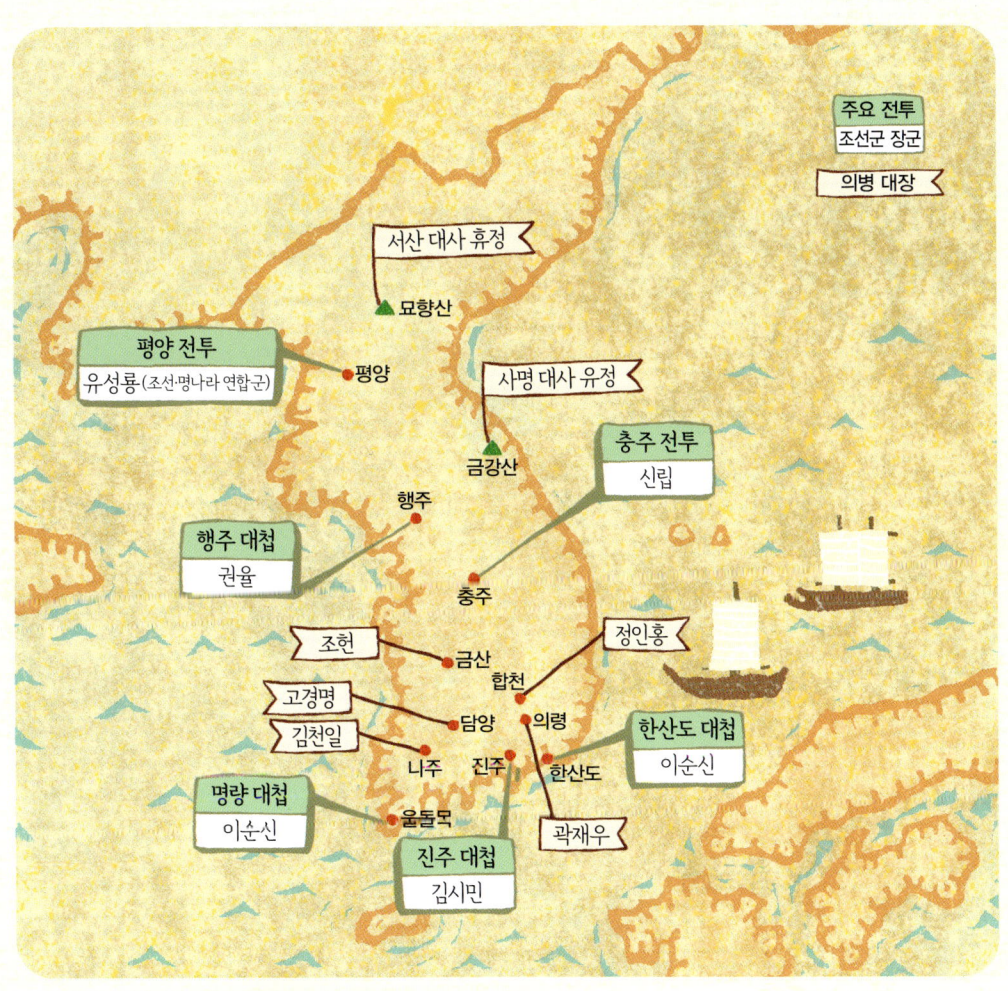

임진왜란의 주요 전투와 의병 항쟁지

임진왜란 이후 어떤 변화가 생겼나요?

조선은 오랜 전쟁으로 국토가 황폐해지고 사회 질서가 무너졌어요. 170만 결*이나 되었던 농토는 임진왜란이 끝난 후 54만 결로 줄었어요. 백성들은 농사를 제대로 짓지 못해 몹시 굶주렸어요. 먹을 것을 찾아 떠도는 사람이 늘고, 도적이 들끓어 사회가 혼란스러워졌지요. 전염병마저 돌아 백성들의 삶은 전쟁 때 못지않게 고통스러웠어요. 귀중한 문화재들도 사라졌어요. 경복궁, 창덕궁, 창경궁과 종묘, 불국사 같은 건축물이 부서지고 수많은 책들이 불타 없어졌지요. 일본이 약탈해 간 문화재도 아주 많아요.

일본은 또 한 번 지배 세력이 바뀌었어요. 전쟁에 진 후 도요토미 히데요시가 이끌던 세력은 급속히 힘을 잃었고, 호시탐탐 기회를 엿보던 도쿠가와 이에야스가 권력을 차지했어요. 한편 일본은 많은 조선인들을 포

결 논밭 넓이의 단위로 세금을 계산할 때 썼다.

로로 끌고 가서 강제로 일을 시키거나 노예로 팔았어요. 특히 정유재란 때 도자기를 만드는 기술자들을 계획적으로 잡아가 도자기 기술을 크게 발전시켰어요. 그래서 정유재란을 도자기 전쟁이라고도 불러요. 뿐만 아니라, 학자들과 활자를 만드는 기술자들도 포로로 끌고 가 일본 문화의 수준을 높였지요.

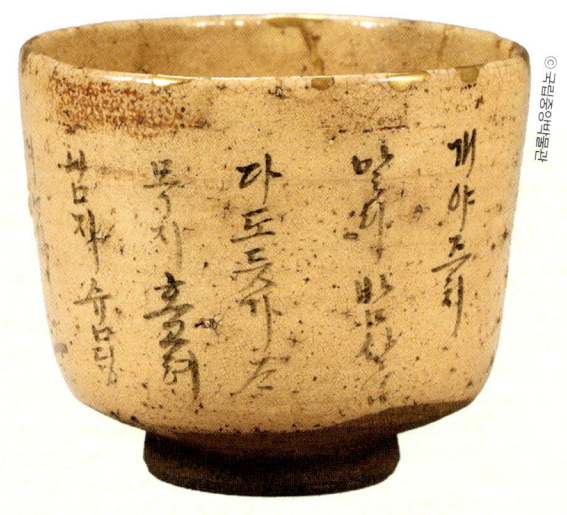

임진왜란 때 일본으로 끌려간 조선 도자기 장인이 만든 것으로 추정되는 찻잔.

명나라는 조선에 군사를 보내느라 국방력이 약해지고 경제가 어려워졌어요. 이 틈을 타 북쪽에 있는 여진족이 청나라를 세웠어요. 청나라는 곧 명나라를 누를 만큼 세력이 커졌어요. 결국 명나라는 내부 반란과 청나라의 공격으로 멸망하고 말았어요. 명나라를 중심으로 돌아가던 동아시아의 국제 질서에 큰 변화가 생겼답니다.

조선 수군의 자랑, 거북선과 판옥선

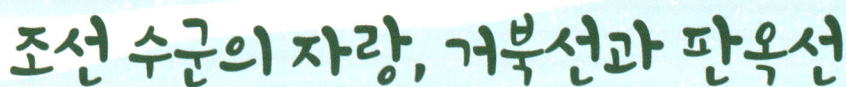

거북선의 등은 쇠로 만든 송곳으로 덮였어요. 이 때문에 철갑선으로 오해를 받기도 하지만 거북선은 튼튼하고 두꺼운 소나무 판자를 사용해 지었어요. 판자를 이을 때는 나무못을 썼는데, 나무못은 쇠못과 달리 바닷물에 녹슬지 않고, 물에 닿으면 부풀어서 판자와 더욱 단단하게 맞물려요. 그래서 배에 물이 새지 않고, 충격에도 잘 견디지요.

거북선 안에는 대포를 쏘는 병사, 활 쏘는 궁수, 병사들을 지휘하는 장군 등 모두 합해 130여 명이 탔는데, 그중 노 젓는 병사들이 가장 많았어요. 노 하나에 여러 명이 붙었지요. 그 덕에 몸통이 커도 날쌔게 움직였어요. 또한 거북선은 무거운 대포와 대포알을 많이 싣고 바다에 나가, 사방에 난 대포 구멍으로 적을 공격했어요.

임진왜란 당시, 거북선은 몇 척 되지 않았어요. 실제로 전쟁에서 가장 많은 공을 세운 배는 판옥선이에요. 거북선은 판옥선에 덮개를 씌우고 몇 가지 기능을 더하여, 적진으로 돌격하기 위해 만든 배였지요.

거북선

용머리
입에 구멍을 내 대포를 쏘거나, 연기를 피워 적의 시야를 가렸어요.

돛대
필요에 따라 눕히거나 세울 수 있어요.

쇠 송곳
적이 배에 타고 오르지 못하도록 나무판자로 덮고 쇠 송곳을 꽂았어요.

노
노를 젓는 곳이 적에게 드러나지 않아서 안전하게 배를 움직일 수 있어요.

대포 구멍
앞뒤, 양옆으로 대포 구멍을 내어 대포와 화살을 쏘았어요.

배꼬리
거북의 꼬리 모양으로 만들고, 대포 구멍을 냈어요.

일본은 임진왜란 전에도 수시로 노략질을 일삼았어요. 이들은 배에 기어올라 안으로 뛰어들어서 맞붙어 싸우는 전법을 썼어요. 그래서 조선은 적이 배 안으로 들어오지 못하도록 배를 갑판으로 덮고, 그 위에 누각을 세운 판옥선을 만들었지요. 노 젓는 병사들은 전투 중에도 안전하게 노를 젓고, 활 쏘는 병사들과 장군은 갑판 위에서 적을 내려다보며 공격했어요.

판옥선은 대부분 두께 12센티미터가 넘는 소나무 판자로 만들었어요. 배가 무겁기는 했지만, 얇은 삼나무나 전나무 판자로 만든 일본군의 배

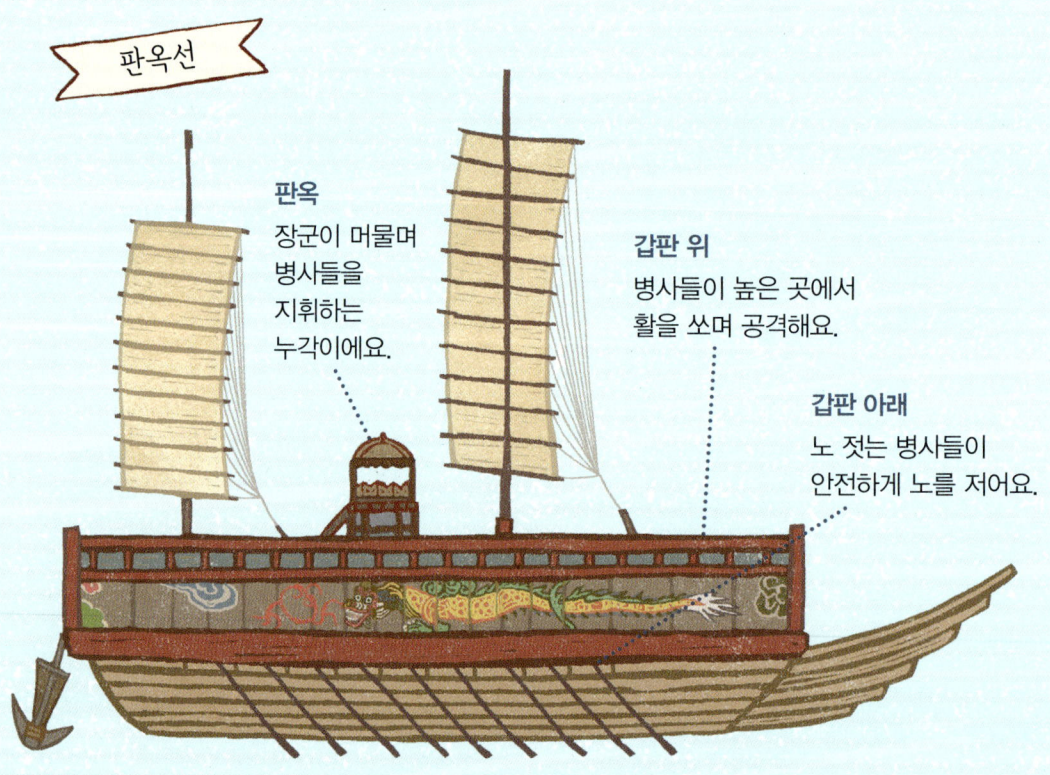

판옥선

판옥
장군이 머물며 병사들을 지휘하는 누각이에요.

갑판 위
병사들이 높은 곳에서 활을 쏘며 공격해요.

갑판 아래
노 젓는 병사들이 안전하게 노를 저어요.

보다 월등히 단단했어요. 따라서 배를 부딪치며 싸울 때 판옥선이 훨씬 유리했지요.

또한 판옥선은 밑바닥이 평평해서 썰물 때 갯벌에 안전하게 머무를 수 있고, 좌우로 방향을 틀기도 수월했어요. 갯벌이 많은 서해와, 바닷가 땅의 드나듦이 복잡한 남해를 다니기에 안성맞춤이었지요. 반면, 일본군의 배 세키부네는 바닥 모양이 뾰족해서 우리나라 바다를 다니기에 적합하지 않았어요.

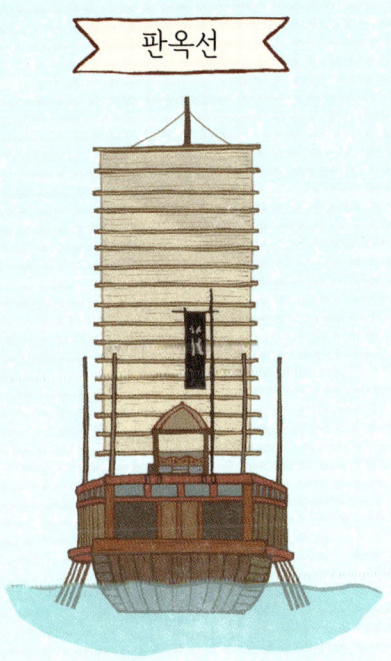

조선 수군의 배 판옥선은 밑바닥이 평평한 평저선이에요. 평저선은 얕은 물에서 다니기에 알맞아요.

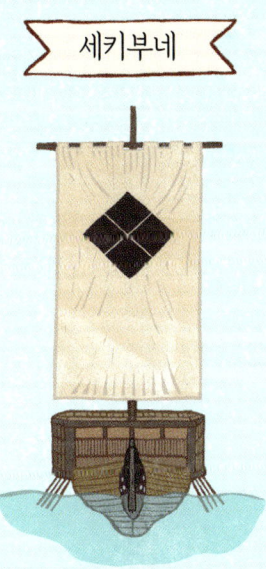

일본군의 배 세키부네는 밑바닥이 뾰족한 첨저선이에요. 첨저선은 속도가 빠르지만, 화포를 쏘거나 갯벌을 다닐 때 중심을 잡기 어려워요.

승리를 도운 조선의 화포 기술

조선의 화포 기술은 고려 시대부터 꾸준히 갈고닦아 온 덕에 아주 뛰어났어요. 조선군의 장거리 대포는 일본의 조총보다 10배나 더 멀리 날아갔기 때문에, 바다에서 싸울 때 유리했지요.

나라를 지키는 데 큰 역할을 한 조선의 화포를 살펴봐요.

비격진천뢰

비격진천뢰는 조선 선조 임금 때 이장손이라는 사람이 발명한 우리나라 최초의 시한폭탄이에요. 무쇠로 된 둥근 박 모양이고, 그 안에 화약과 날카로운 철 조각을 넣었어요. 떨어져 터질 때 천둥처럼 큰 소리가 나서 적들을 두려움에 떨게 만들었지요.

총통

총통은 가장 안쪽에 화약과 대포알 등을 넣고, 화약에 연결한 실에 불을 붙여 발사하는 무기예요. 크기가 큰 것부터 천자문 글자 순서대로 이름 붙였어요.

가장 큰 천자총통은 천자문의 첫 글자인 천(天)자를, 다음으로 큰 지자총통은 천자문의 두 번째 글자인 지(地)를 썼어요. 그다음 글자인 현자(玄字), 황자(黃字) 등의 총통도 있지요. 하지만 이름이 같더라도 만든 시기에 따라 크기와 형태는 조금씩 달랐답니다.

천자총통 ©국립중앙박물관

지자총통 ©국립중앙박물관

임진왜란 승리의 주역, 이순신 장군

이순신 장군은 임진왜란 때 조선 수군을 통솔하며 큰 공을 세웠어요. 그러나 처음부터 승승장구한 것은 아니었답니다. 어려운 상황에도 끝까지 인내하며 지혜롭게 대처했기에 수많은 해전을 승리로 이끌 수 있었지요.

이순신 장군은 남들보다 훨씬 늦은 나이인 28살에 무과 시험을 쳤는데, 시험 도중 말이 넘어지는 바람에 낙방하고 말았어요. 하지만 무예를 꾸준히 닦아 4년 뒤 장군이 됐지요. 이순신 장군은 추운 국경 지역을 지키다 47살이 되던 해, 전라도 수군을 통솔하는 수군절도사가 되었어요. 장군은 곧바로 부서진 배를 고치고 무기를 점검하며 전쟁에 대비했어요. 병사들의 식량을 확보하기 위해 섬에 논과 밭을 만들어야 한다고도 주장했지요.

임진왜란이 시작되자, 이순신 장군은 옥포, 당포, 한산도 등에서 일본군을 크게 무찔렀어요. 특히 1592년 7월에 일본군을 한산도 앞바다로 유인한 뒤, 학이 날개를 펼친 듯한 학익진 전법으로 공격하여 큰 승리를 거두었지요.

1597년 1월에는 모함을 받아 옥에 갇히기도 했지만, 이후 다시 풀려나 "죽고자 하면 살고, 살고자 하면 죽을 것이다."라는 각오로 명량 해전을 승리로 이끌었어요.

이순신 장군은 전쟁 중에도 7년간 꾸준히 일기를 썼어

요. 이 일기에는 조선 수군의 전쟁 준비와 전쟁의 진행 상황, 나라 정치에 관한 이야기 등 임진왜란 당시의 모습이 생생하게 담겨 있어요.

1795년에 정조 임금이 《이충무공전서》를 편찬*하게 했는데, 총 14권 중 5~8번째 권에 이순신 장군이 쓴 일기를 실었어요. 이때 편찬하는 사람이 장군의 일기에 '난중일기'라는 이름을 붙였지요.

난중일기에는 때때로 어머니에 대한 효심, 아들을 잃은 슬픔, 다친 부하를 걱정하는 글이 진솔하게 담겨 있어 이순신 장군의 인간성을 엿볼 수 있어요. 일기에 나타난 이순신 장군은 명령에 따르지 않는 부하들을 엄격히 벌하였지만, 사람을 소중히 생각하는 지도자였답니다.

편찬 여러 가지 자료를 모아 체계적으로 정리하여 책을 만듦.

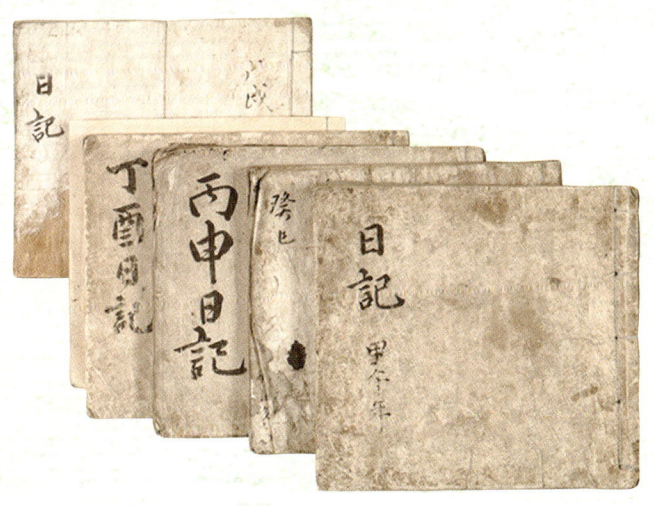

이순신 장군이 임진왜란 때 쓴 《난중일기》. 우리나라 국보 제76호이며, 유네스코 세계 기록 유산에 등재됨.

• 작가의 말 •

처절한 전쟁을 이겨 낸 겨레의 슬기!

　남쪽 바닷가의 도시, 부산을 아시나요? 이 책을 쓴 저는 부산에 살아요. 2005년에 부산 지하철 4호선 공사를 하던 일꾼들이 엄청난 것을 발견했어요. 땅 밑에 조선 시대 때 만든 동래 읍성의 해자가 묻혀 있었던 거예요.

　옛날에는 부산을 '동래'라고 했어요. 동래 읍성은 부산 지역을 다스리던 관청이었지요. 동래는 특별히 다른 지역보다 국방을 튼튼히 해야 했어요. 바다 건너 왜구들이 때때로 침입해 왔거든요.

　동래 읍성을 단단히 방어하기 위해 빙 둘러 만든 장치가 '해자'예요. 해자는 성벽에서 조금 떨어진 자리에 땅을 깊게 파서 만들어요. 뾰족한 쇠막대나 칼을 위로 향하게 꽂고, 물이 흐르게 하여 적의 침입을 막았지요.

　그런데 이 해자 안에서 수많은 유골과 무기, 갑옷 들이 발견되었어요. 뒤통수에 총구멍이 난 어린아이의 유골, 등에 칼자국이 깊게 팬 젊은 여자의 유골은 몇백 년 전의 끔찍한 전쟁을 증언하고 있어요.

　1592년, 부산 앞바다에 쳐들어온 일본군이 순식간에 동래 읍성을 포위했어요. 일본군은 조총과 칼을 겨누며 나무 판에 이런 글을 써서 위협했어요.

"싸우지 못하겠으면 명나라를 치러 가도록 길을 비켜라!"

그러자 동래 부사 송상현이 답했어요.

"싸우다 죽기는 쉬우나 길을 비키기는 어렵다!"

힘을 합쳐 끝까지 싸웠지만 동래 읍성은 결국 함락되고 말았어요.

당시 일본군을 따라왔던 포르투갈 신부는 일기에 부산 사람 5천 명이 반나절 만에 다 죽었다고 적었어요. 당시 싸움이 얼마나 끔찍했는지 알고도 남지요. 그러나 우리 겨레는 나라가 어려울 때마다 힘을 모아 고난을 이겨 냈어요.

임진왜란 때에도 선두에 선 거북선 뒤에 형님처럼 듬직한 판옥선이 있었어요. 위대한 승리를 이룬 이순신 장군 곁에선 이름 모를 백성들이 죽기를 각오하고 싸웠지요.

"국민이 나라를 지킬 때, 나라가 부강해지고 역사가 굳건해진다."

너무도 당연해서 자칫 잊어버리기 쉬운 말이에요. 나라를 지킨 평범한 백성들을 기억해 주세요. 그리고 우리도 슬기로운 국민이 되어 정의로운 나라를 지켜 내길 바라요.

2017년 12월
동백꽃 아름다운 남쪽 바다에서 안미란

바다를 지켜야 나라를 구할 수 있다던
이순신 장군의 뜻과,
힘과 지혜를 모아 나라의 큰 어려움을 이겨 낸
조상들의 의지는 바다처럼 변함없이
우리 곁에 있을 거야.